Avoir ou ne pas Avoir…

… pourvu que l'Amour Soit….

Lydia MONTIGNY

Avoir ou ne pas Avoir…

… Pourvu que l'Amour Soit…

Mentions légales

© 2021 Lydia MONTIGNY

Édition : BoD – Books on Demand,
12/14 rond-point des Champs-Élysées, 75008 Paris
Impression : BoD - Books on Demand, Norderstedt, Allemagne

ISBN : 978-2-3223-7811-1
Dépôt légal : Juillet 2021

Livres précédents (BoD)

* Dans le Vent (VII 2017)
* Ecrits en Amont (VIII 2017)
* Jeux de Mots (VIII 2017)
* Etoile de la Passion (VIII 2017)
* As de Cœur (XI 2017)
* Pensées Eparses et Parsemées (XI 2017)
* Le Sablier d'Or (XI 2017)
* Rêveries ou Vérités (I 2018)
* Couleurs de l'Infini (II 2018)
* Exquis Salmigondis (V 2018)
* Lettres Simples de l'être simple (VI 2018)
* A l'encre d'Or sur la Nuit (X 2018)
* A la Mer, à la Vie (XI 2018)
* Le Cœur en filigrane (XII 2018)
* Le Silence des Mots (III 2019)
* La Musique Mot à Mot (IV 2019)
* Les 5 éléments (V 2019)
* Univers et Poésies (VIII 2019)
* Les Petits Mots (X 2019)
* Au Jardin des Couleurs (XI 2019)
* 2020 (XII 2019)
* Nous... Les Autres (X 2020)
* Ombre de soie (III 2020)
* Les Jeux de l'Art (IV 2020)
* Harmonie (VI 2020)
* La source de l'Amour (VIII 2020)
* Au pays des clowns (X 2020)
* 365 (XI 2020)
* L'Amour écrit... (XII 2020)
* Haïkus du Colibri (II 2021)
* Le Bonzaï d'Haïkus (IV 2021)
* Blue Haïku (V 2021)

AVOIR OU NE PAS AVOIR...

J'ai cru avoir des heures
Pour une pause de douceur,
Un grand bain de saveurs
Aux bulles multicolores,
Un immense champ de fleurs,
Une île pour ce trésor...

J'ai cru ne pas avoir
Raison de ne pas savoir,
Mais parfois la mémoire
Est une belle histoire,
Elle a et peut avoir
Tant de force et d'espoir

.../...

…/…

J'ai cru à ce désir
D'avoir sans posséder,
La liberté d'avoir
Sans jamais renoncer,
Un besoin de sourire
Comme ultime victoire

Je crois ne pas avoir
La folie de te posséder,
Aimer n'est pas avoir
Mais désirer donner…
Apprivoise ma vie
Si la tienne dit… oui…

Le silence
Effleure ta voix

La patience
Me parle de toi

Les rêves
M'emportent avec toi

La musique
Me serre contre toi

Les mots
Sont empreints de toi

Le calme
Me rassure près de toi

L'air
Oublie le temps avec toi

POEME INACHEVE

Tu termineras ce poème
Un jour, une nuit même,
Ou le laisseras ainsi
Tourné vers l'infini…

J'ai laissé quelques mots
Répondant à l'écho
De mon imaginaire,
Quelques suaves lumières
Pour caresser ta main,
Ton visage près du mien

J'ai posé mon stylo,
Puis mon regard sur l'eau,
Et juste dans ton cou
J'ai soufflé un mot doux
Frôlant de mon silence
La force de ta présence

                        …/…

…/…

Tu signeras ce poème
Comme on sculpte un totem
De l'invisible amour,
De l'instant en ce jour
Où ma pensée s'est posée
Sous tes yeux pour l'éternité

J'écrirai sur l'océan de ta vie

Des choses simples d'aujourd'hui

Des hiers jamais endormis

Des demains défiant l'infini…

ENTRE DEUX AVERSES

Entre deux mondes
La vie vagabonde,
Et les vagues abondent
Roulent et se fondent

Entre deux fleurs
Aux délicates couleurs
La bruine dépose
L'harmonie d'une osmose

Entre deux mots
Voguant sur les flots
S'écoulent les pages
De torrentiels messages

.../...

…/…

Entre deux averses
L'une était tendresse
L'autre, enchanteresse…
La vie devient sagesse
Entre deux averses…

Je source

Tu rigoles

Il torrente

Nous rivièrons

Vous fleuvez

Elles merent

Réveille-moi

Doucement, comme le jour...
Ouvrir les yeux
Dans l'azur de tes yeux,
Effleurer ta bouche
D'un clignement de cils, farouche,
M'enlacer dans ton corps
Qui m'enroule et se tord,
Mon cœur bat plus fort
L'amour nous mord.

Réveille-moi

Tendrement, comme le jour
Dans le silence de tes mots,
Dans ton souffle si chaud,
Mes mains dans tes mains,
Pour écrire demain,
Mes rêves dans tes désirs
La folie en élixir

.../...

…/…

Réveille-moi

Amoureusement, comme ce jour
Où le temps s'est éteint
Dans l'éternel matin,
Où l'instant de la raison
Est devenu papillon

Les années de la vie

Sont un origami :

Plus il y a de plis,

Plus c'est joli !...

LE DESIR

Le désir est cette délicatesse
Cette intime promesse,
Dont la fantaisie féérique
Devient une soif édénique.

Il se love dans l'attente,
Dans l'envie envoûtante
De succomber enfin
Aux fantasmes, aux besoins
D'une attirance folle
Que la sagesse affole.

Le désir est ce voyage
Aux mille et un mirages
Ce sentiment sensationnel,
Irrationnel, obsessionnel…
En quelques mots à demi-nus
La volonté s'en est émue…

.../...

…/…

Il est ce souhait délicieux
Fort de ses aveux silencieux,
L'espérance de la magie
Jusqu'à étreindre l'infini…
Reste immortel, ô mon désir,
Et de mon Amour, l'élixir…

MESSIDOR

Un oiseau dans l'aurore
Attend que viennent éclore
Les fleurs multicolores
Avant que ne s'évaporent
Leurs parfums aux doux accords…

Il chante tel un ténor
Son émerveillement si fort
Que le soleil d'or
En devient le trésor
…Le mois de Messidor…

LA POESIE...

La poésie ?... C'est l'illusion, la passion
La moisson des sons
Le poids des scissions
Parfois des décisions
L'ultime Pourquoi
L'Univers d'un Toi
Ce petit moi, plein d'émoi,
Le chant de ta voix
La douceur de ta raison
Tes mains sur le frisson
De l'interrogation,
La confiance à l'unisson
La Poésie ?... C'est ma chanson
Et tu en es le diapason...

La pluie lave le ciel

Avec son amour torrentiel

Emportant les étincelles

Vers sa force éternelle

LE CLAPOTIS DES MOTS

Le clapotis des mots
Léger comme un pinceau,
Chantonne des joyaux,
Le livre devient bateau

Les vagues d'émotion
Submergent son pont,
Et l'imagination
Se fond en céladon

Sur l'océan des phrases
Le silence est en extase,
Et les lumières se posent
En paillettes d'or rose

.../...

…/…

Je flotte dans ton regard
Sublime… Je m'égare…
M'échouant sur la page,
Sous ta main, mon rivage…

J'ai pris un bain… sans eau
C'est dans l'air que je flotte

J'ai pris l'air… sans vent
C'est dans la musique que je vis

J'ai pris un mot au pied de la lettre
C'est dans la lettre que j'écris

J'ai pris ma vie comme une force
Prends mon cœur entre tes mains

LA PATIENCE...

C'est le calme du temps
Sans chiffre, sans mouvement,
Le sablier oublié
Et son sable envolé,
Laissant ce doux vide
Dans ton regard limpide...

Elle est cet espace fragile
Entre le désir subtil
Et l'inlassable espoir
D'écrire une histoire,
L'immobile tolérance
Devant cette absence.

.../...

…/…

La Patience
C'est attendre humblement
Avec un courage souriant
Que l'instant prenne vie,
Telle l'étincelle de magie
Aperçue dans la nuit
Et que mon rêve saisi…

Elle est ce temps
Indulgent, résistant,
Ce temps sans temps
D'un instant ou de cent ans
Mon cœur est en Paix,
Patiemment, il attend…

Intense plénitude

Où les arbres, en toute quiétude,

Défendent de l'immense solitude

Dans la forêt des Bermudes...

PERDU...

Je l'ai perdu
Au coin d'une rue
Au coin d'une histoire
Allais-je le revoir ?

C'était hier
Un soir de naguère,
Il faisait du vent
Il y avait gros temps

Il a disparu
Dans cet imprévu
Dans ce vaste néant
Dans l'abîme béant

.../...

…/…

Le temps m'a étourdie
Ebahie, éblouie,
Plus de mots
Plus de flow

L'impensable vient glisser
Sur la brume des quais
Et la Seine en silence
Coule, calme, avec assurance

Je l'ai perdu
Dans l'instant superflu,
Et puis au coin d'une rue,
Je t'ai vu… Mon sourire est revenu…

Les mots s'en sont allés
Baisers légers ailés,
Sur ton sourire se sont posés
Charmés, émerveillés,
Et doucement par milliers
Se sont mêlés à nos pensées...

L'OR DU SOLEIL

Sur le blanc de la page
Sur le banc de la plage
L'or du soleil se couche
Lorsque le sommeil le touche.

Les âmes m'émerveillent
Les lames de la mer veillent
Les mots naissent dans l'instant
De la mollesse du vent

Dans un café tout rond
Mon cœur glacé se fond
Dans un poème profond
L'encre a gravé ton nom

IMAGINER

Ecrire au verso
D'un rêve indigo,
Jouer au piano
Ton rêve en duo,

Imaginer...

Offrir en cadeau
La lenteur du repos,
Dessiner sur ma peau
La douceur d'un mot

Imaginer...

Répondre à l'écho
Au chant du ruisseau,
Traverser d'un saut
Les nuits sans flambeaux

Imaginer

…/…

…/…

Ecrire tes mots,
Libres et beaux,
Imaginer leur halo
Sur cet amour, ce joyau…

L'absence…

C'est l'espace entre les mots
Qui éclate en sanglots,

C'est la tendresse d'un souvenir
Faisant un coup d'œil pour rire,

C'est ce "tu" toujours là
Que l'on prononce tout bas,

C'est attendre sans comprendre
Ce silence là…

ENTRE DEUX PAS DE DEUX

Tu marches doucement
Entre deux univers
Sur un rythme un peu lent
Aux vagues lumières

En de fluides mouvements
Tourne ce ballet blanc,
Ton pied se pose à Terre
Et ton doigt pointe l'air

Tu danses dans le vent
Soulevant tendrement
L'écharpe du temps
Au parfum troublant

.../...

…/…

Entre deux pas de deux
Marchons, courons, heureux !
La Vie est si légère
Sous un amour solaire

LA LOGIQUE

La logique n'est plus
Quand l'Amour est ému…

Le temps devient superflu,
Inutile dans l'absolu

La logique est suspendue
Devant l'instinct de l'inconnu

« RESSENS »

Je ne pense plus
Au froid de l'hiver
Qui me mord et m'enserre,
Au brouillard sur l'univers,
Aux nuages verts

Je n'imagine plus
La force des racines
De chaque homme, à son origine,
Ni l'espoir que butine
L'abeille, en fleurs divines

Je ne crois plus
En l'appel de la faim
Creusant les mains
En la soif d'aventure
Un pied dans le futur

…/…

…/…

Je ne vois plus
Les contours de ces mots,
La profondeur des maux,
Pas même toutes ces ombres
Qui veulent se confondre

Simplement je ressens
Je respire le vent
La lumière du temps,
C'est l'instinct pensant
A la Vie dans l'instant…

Les mots parlent des mots
A travers les mots

Le silence parle au silence
Sans un mot

L'amour parle d'amour
Avec Amour...

L'OMBRE

L'ombre se trompe
Dans l'heure profonde,
Le silence gronde
Quand le vent l'estompe

Elle laisse fondre
La silhouette vagabonde
D'une fine aronde
Sur le chemin de ronde

L'ombre se veut sombre,
Sobre en sa rencontre
Avec la lueur qui succombe
Au doux son du gong

.../...

…/…

Elle adore l'aurore
Et ses tièdes couleurs,
Dessinant des trésors
Sous quelques rayons d'or

L'ombre s'endort
Tatouant sur nos corps
Notre amour doux et fort
Que le soleil fait éclore

LE VENT LENT

Le vent lent
Va, chancelant,
Dévoilant dans l'élan
Le chant errant
D'un volet blanc
Battant le temps,
Ou celui d'un goéland
Survolant l'océan...

Le vent aime tant
Balayer souplement
Les larmes ruisselant
Des cœurs brûlants,
Et s'en aller indolent
Modelant sagement
Les oves émouvants
Qui filent en ondulant

.../...

…/…

Le vent lent
Rêve doucement
A nos flous mouvements,
A nos rires se frôlant
Sous le soleil s'inclinant,
Puis souffle délicatement
Sur nos vœux… secrètement…

TU NE SAVAIS PAS

Tu ne savais pas
Quelle fleur m'offrir,
Quel parfum, quel élixir
Flottait dans le doux zéphyr...
Tu m'as donné un champ de sourires

Tu ne savais pas
Entre deux pas de deux
Pourquoi dansait la dentelle bleue
De mes rêves joyeux...
Tu m'as voué un regard heureux

Tu ne savais pas
Quel instant apprivoiser
Pour lire mes pensées
Et dans tes bras me serrer...
Tu m'as promis une vie dans un baiser

A L'ORIGINE...

A l'origine, nous sommes un point
Un point de départ
A une histoire
Avec ses deux points
Sur ses deux i,
Un point de vue
Vu, entraperçu,
Un point d'honneur
A point d'heure,
De point en point
En point de croix,
Un bon point, je crois.

Parfois tu vois
Un point commun
Entre Toujours
Et le point du jour !
Point d'exclamation
Et trois points de suspension !...
L'Amour est le point cardinal
Solaire, limpide, subliminal

       .../...

…/…

Et il point, chaque jour,
Comme un point fixe
Sur l'horizon, entre tes deux poings...
La vie prendra le temps
D'ouvrir peu à peu tes mains
Alors j'y dessinerai
Un petit point,
Un point de départ
Pour un autre jour, autre part…

Je dérive sur l'onde

Lisse et profonde

En regardant les cieux

Dans le bleu de tes yeux

DIS-MOI ENCORE...

Dis-moi comment
Disparaissent dans le vent
Tous nos rêves d'enfant,
Et comment les sentiments
Sont plus forts que le temps

Dis-moi pourquoi
Les couleurs de la loi
S'enlisent dans leurs pas,
Dans la force de leurs bras
Dans un si beau combat

Dis-moi encore
Tous ces mots que j'adore
Entendre dans l'aurore,
Tous ces mots que j'implore
Lorsque la nuit m'endort

.../...

…/…

Dis-moi
Simplement en un regard
Qu'il n'y a pas de hasard
Quand les rêves viennent s'asseoir
Dans cet instant, sans le savoir…

VIENS

Viens te coller à cette page
Imaginer, bien sage,
Cette douceur faisant rage
A mon Amour sans ombrage...

Viens, dans la plus simple lumière
Par ce chemin de pierres,
Joindre tes mains à ma prière
Et croire en demain pour hier

Viens, avec tes mots, avec tes rires
Avec tes regards venant franchir
Le silence de mes désirs,
Viens, et dis au temps de ne rien dire...

A L'AUBE DE CE JOUR

A l'aube de ce jour
Quand le temps se fait lourd
Tu effeuilles mes rêves
Où je redeviens Eve...

La mélancolie se tait
Comme un oiseau inquiet
Devant sa liberté,
Puis s'envole en Paix

A l'aube du bonheur
Tu effleures mon cœur...
Un seul pétale par jour
Dans le jardin de notre Amour...

LE PIANO

Sur le piano de la nuit
Se jouent les sons de la Vie,
Noires et blanches mélodies
L'ennui s'envole et s'évanouit,
Les notes soupirent, puis s'enfuient
En ricochant sur l'infini...

Sur le piano tout endormi
Le silence s'élance et fuit
Lorsque vient sonner minuit...
Du bout des doigts, joue l'interdit
De cette romantique symphonie
Dans le secret de l'harmonie

.../...

.../...

Sur le piano de la Vie
La caresse de mon esprit
Doucement te sourit...
Sur ces notes que tu lis
La musique de ma poésie
S'éveille dans l'air de la nuit...

LES SIRENES

Autour de l'îlot
Moult troubles flots
Chamboulent et s'échouent
Sur la plage d'or chaud.

Des nuages fous
Embrument et floutent
D'un murmure doux
Les sirènes d'Août…

SOLITUDE SAUVAGE

Je traverserai
Les déserts accablants
De ce sable si blanc
Où le soleil s'étend
Jusqu'à l'océan

Je traverserai
Les vagues polaires
Sous leurs cieux bleus et verts,
Les vents de l'univers,
Les colères des éclairs

Je traverserai
Le silence des pages
Et sa solitude sauvage,
Pour offrir en présage
Mon amour sans rivage

        …/…

…/…

Je traverserai
Le prisme des couleurs
Pour réchauffer ton cœur,
Et la solitude sauvage
D'un délicieux mirage…

JE FAIS SEMBLANT D'ECRIRE

Les mots se font navires
Sur la mer de saphir,
Hochets de l'avenir
Chantant dans le zéphyr...

Les pages se déchirent
Quand la lune vient pâlir
La nuit osant s'enfuir...
Je cherche ton sourire...

Le vertige d'écrire
Ne cesse d'étourdir
Ces mains rêvant de saisir
Les lettres pour les écrire...

      .../...

…/…

Je fais semblant d'écrire
A l'encre de l'avenir
Ces mots pour te les offrir,
Ceux que toi seul sais lire

CHANSON DU BOUT DES DOIGTS

Pose ta main
Sur ce refrain
Claque des doigts
Et une, deux, trois

Pose tes bras
Autour de moi
Le piano jouera
La valse de nos doigts

Pose ta voix
Sur des notes de soie
Montre du doigt
Le torrent de joie

.../...

.../...

Pose cette rose
Sur l'émoi de l'osmose
Pose ton doigt
Sur mon cœur qui bat

ENTRE LES PAGES

Je me suis égarée
Dans ces phrases encrées
Ancrées dans les lignes
De ce temps souligne

Je cherche dans l'insistance
Une once de chance
Ignorant si cette existence
Tiendra la distance.

Je me penche sur le début
Revu sans imprévu,
Puis m'incline vers demain
Parcourant le parchemin

.../...

…/…

Perdue dans ce labyrinthe
Je cherche la douce empreinte
De tous ces mots sages…
Je cherche… mon marque-page…

TES MOTS

Tu écris quelques mots
Dans ce jardin si beau,
Imprégné du repos
Ruisselant sur ta peau.

Une pierre est posée
Sur un coin du papier
Pour qu'aucun souffle d'air
N'emporte tes phrases claires…

Un oiseau amusé,
Mélomane effronté,
Vient s'égosiller
Sur tes lignes déliées

…/…

…/…

Un petit mot s'envole
Tourbillonne et s'affole,
Terminant sa course folle
En se brisant au sol

Les mosaïques de poussière
Dansent dans la lumière
Et je t'écris ces petits mots
Pour qu'en renaissent mille nouveaux…

LE REVE

Je te cherche encore
M'éveillant dans l'aurore
Même si mon corps
Sagement dort,
Oui, chercher des yeux
Pour sombrer dans ton bleu
Et me noyer dans l'heureux
Rêve de nous deux…

…Te chercher et t'atteindre,
Doucement t'étreindre,
Et sur ta peau le peindre
Pour ne jamais s'éteindre…
Je te cherche si fort
Dans un silence d'or
Que le hasard s'endort
Dans ce rêve, mon trésor…

...Il était une fois...

Douceur de la vie

De l'étoffe de la voix

Couleur de l'envie

De l'étole de soie

...Histoire de soi...

LIS...

Lis ces mots,
A plat ventre ou sur le dos
Tête en bas, pieds en haut,
Sur le lit encore chaud,
Sur les touches du piano

Lis ces mots,
Sous la pluie, c'est si beau,
Avec un parfum d'expresso
Dans le matin, très tôt
Avant le chant de l'oiseau

Lis ces mots,
Pour qu'ils vivent sur ta peau,
Sur un air de Borsalino,
Pour qu'ils deviennent le ruisseau
Le torrent, l'océan, cette vie à nouveau...

Aimer se perdre

Au milieu de tout, de rien,

Errer dans le but

De s'égarer soi-même –

Air de liberté

LE BALLON

Un ballon roule
Dans la rue, déboule,
Rêvant qu'un pied
Vienne le chahuter,
L'enrouler, l'enrôler
Dans un jeu inné

Le vent s'en mêle
L'appelle, bondit, rebelle,
Jusqu'à l'école
Où ses idoles
Chantent les paroles
De ce beau symbole

Sous les yeux ronds
Des petits fripons
Disparaissent les crayons,
S'effacent les leçons
Et la cloche sans raison
Sonne la récréation !

.../...

…/…

La balle vole, louvoie
Entre rires et joies,
Elle dérive et s'envole
En folles hyperboles,
Au bonheur des bonds…
Bravo petit ballon !…

ELLE REVIENDRA...

Il a quitté le doux rivage
De ce monde sans âge
Se laissant glisser vers les pages
Des îles sages

Il a plu des soleils,
Et des rayons de miel,
Dans une brise cannelle
Au cœur caramel

Il a marché sur le sable nu
Où les vagues ont fondu,
Dessinant une idylle inconnue
De leurs chants émus

.../...

…/…

Il a ouvert ses bras
Humblement agenouillé là,
Laissant s'envoler sa voix
Vers l'infini… Elle reviendra…

...JE T'ATTENDS...

J'attends ton pas

J'entends ta voix

Ton cœur contre moi

... Tu es là...

INVENTER...

J'inventerai un geste
Où le silence fait le reste,
Un geste gracieux,
Ductile, audacieux,
Comme une révérence,
Délicate naissance
De la bienveillance
Saluant sa chance

J'inventerai un mouvement
Un plongeon dans le vent,
Ample, et se glissant
Dans les voiles d'antan
Tendues sur les mats blancs
Des goélettes sur l'océan,
Ou ce fou cerf volant
Au tournoiement turbulent

.../...

…/…

J'inventerai une caresse
D'un regard de sagesse
Parfumé de tendresse,
Où l'amour devient l'ivresse
De ma douce faiblesse,
Où la vie enchanteresse,
Forte de sa noblesse,
Inventera… un geste

AILLEURS

Ailleurs… c'est ici
Puisque je pense à toi
Emmène-moi là-bas,
Ailleurs, nous serons là…

Ailleurs c'est hier
Puisque tu es ici
Emmène-moi vers demain
Là où tu tiendras ma main

Ailleurs c'est l'horizon
Où se posent nos doigts,
Ici devient le Paradis
Puisque tu me souris…

J'AI CACHE UN MOT…

J'ai caché un mot
Entre la page blanche
Et celle bleu pervenche,
Entre le chapitre vert
Et celui de l'hiver

J'ai caché un mot
Entre le ciel et la mer
Entre les formes éphémères
Et les couleurs primaires
De vagues imaginaires

J'ai caché un mot
Entre Vénus et Jupiter
Entre la Lune et la Terre
Sous un sourire solaire
Comme un doux mystère

…/…

…/…

J'ai caché un mot
Un minuscule tsunami
D'une tendresse infinie,
Entre un son plein de magie
Et ton regard qui le lit…

L'IMPOSSIBLE...

L'impossible n'est pas...
C'est le silence d'un pas
Sur un pont dans le vide,
Une peur stupide
Dans le miroir qui se ride

L'impossible n'est pas,
Ne sera ou n'est plus
Ce temps qui englue
Sans cesse l'absolu
Voulu ou révolu

L'impossible n'est pas...
C'est un rire dans l'effort
Un mot singulier sans accord,
Une note muette qui s'endort...
Il est... cet irréel qui s'évapore...

ANONYME...

C'est un nom, c'est personne

C'est un non qui résonne

Un ricochet dans le vide

Un rien fou, intrépide,

C'est un tout, c'est un rien

Un silence sans fin

Qui sait qui se cache là ?

Lui-même ne le sait pas...